Renate Sültz & Uwe H. Sültz

Mein kleines Notizbuch
für nette Menschen

BoD - Books on Demand
Norderstedt 2016

Bibliografische Information durch die Deutsche Nationalbibliothek

Die Deutsche Nationalbibliothek verzeichnet diese Publikation in der Deutschen Nationalbibliografie; detaillierte bibliografische Daten sind im Internet über http://dnb.dnb.de abrufbar.

© 2016 Renate Sültz & Uwe H. Sültz

Herstellung und Verlag:

BoD – Books on Demand, Norderstedt

ISBN 978-3-73924-576-8

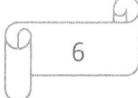

Freunde

Freunde meinen es immer gut,

lügen dich nie an.

Du merkst, wie gut ein Freund dir tut

Und er dein Leben bereichern kann.

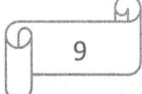

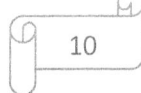

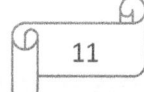

Freunde

Freunde gibt es nicht sehr viel.

Gern geben sie sich als Freunde aus.

Kommen auch ganz schnell ans Ziel.

Lassen dann ihren wahren Charakter raus.

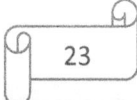

Freunde

Hör' genau was Freunde sagen,

sonst wirst du traurig sein.

Dann kannst du eine Freundschaft wagen

Und bist niemals allein.

Das Schweinchen Klecks
und andere Kindergeschichten

ISBN 978-3-95744-286-4

Unsere Kinderbücher:

Fitus, der Sylter
Strandkobold

ISBN 978-3-95744-758-6

Fitus, der Sylter
Strandkobold
Gute-Nacht-Geschichten

ISBN 978-3-73922-001-7

MEINE GEDICHTE
Sültz, Renate

Hardcover
96 Seiten
ISBN 978-3-7392-1582-2

SEELENVERSPRECHEN
Sültz, Uwe H.

Paperback
96 Seiten
ISBN 978-3-7392-2810-5

DEIN LEBEN IN MIR
Sültz, Uwe H.

Paperback
88 Seiten
ISBN 978-3-7392-3427-4

Spanende Kurzgeschichten für unterwegs

ISBN 978-3-95744-598-8
ISBN 978-3-96008-041-1

Ob während der Zugfahrt, im Wartezimmer oder wo auch immer...
Hier finden Sie eine kurze und abgeschlossene Geschichte.

Konstanzes Vermächtnis

Es wird die Lebensgeschichte der jungen Schneiderin Konstanze ab 1880 in Berlin erzählt.

ISBN 978-3-73921-903-5

STAR MARSHAL - Police in the Universe

Die Hüter des Gesetzes im Universum, die Star Marshals, sorgen im 25. Jahrhundert für Recht und Ordnung. Weitere Geschichten folgen...

ISBN 978-3-73922-617-0

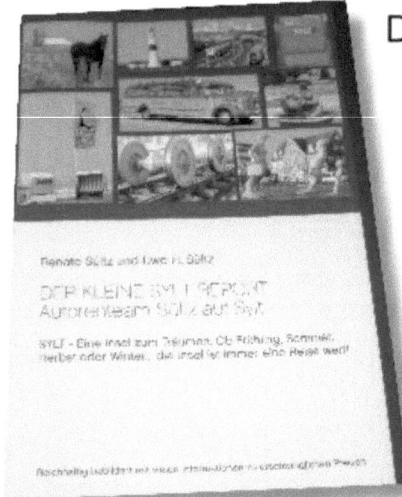

DER KLEINE SYLT REPORT
Autorenteam Sültz auf Sylt

Eine Buchreihe zu erschwinglichen Preisen mit immer wechselnden Themen.

ISBN 978-3-73922-559-3

SYLT - Ein Bildband
Die Bilder haben einen hohen Wiedererkennungswert
ISBN 978-3-7392-3086-3

Ab Februar 2016 erscheinen folgende Projekte:

SYLT - Mein Urlaubstagebuch

Reichhaltig bebildert mit S/W-Aufnahmen der Insel Sylt

Renate Sültz & Uwe H. Sültz